# TRANZLATY

**El idioma es para todos**

Езикът е за всички

# La Bella y la Bestia

# Красавицата и звярът

# Gabrielle-Suzanne Barbot de Villeneuve

Español / Български

Copyright © 2025 Tranzlaty
All rights reserved
Published by Tranzlaty
ISBN: 978-1-80572-071-3
Original text by Gabrielle-Suzanne Barbot de Villeneuve
La Belle et la Bête
First published in French in 1740
Taken from The Blue Fairy Book (Andrew Lang)
Illustration by Walter Crane
**www.tranzlaty.com**

**Había una vez un rico comerciante**
Имало едно време един богат търговец
**Este rico comerciante tuvo seis hijos.**
този богат търговец имал шест деца
**Tenía tres hijos y tres hijas.**
той имаше трима сина и три дъщери
**No escatimó en gastos para su educación**
той не пести средства за тяхното образование
**Porque era un hombre sensato**
защото той беше разумен човек
**pero dio a sus hijos muchos siervos**
но той даде на децата си много слуги
**Sus hijas eran extremadamente bonitas**
дъщерите му бяха изключително красиви
**Y su hija menor era especialmente bonita.**
а най-малката му дъщеря беше особено красива
**Desde niña ya admiraban su belleza**
като дете красотата й вече се възхищаваше
**y la gente la llamaba por su belleza**
и хората я наричаха по красотата й
**Su belleza no se desvaneció a medida que envejecía.**
красотата й не увяхна, докато остаряваше
**Así que la gente seguía llamándola por su belleza.**
така че хората продължиха да я наричат с нейната красота
**Esto puso muy celosas a sus hermanas.**
това накара сестрите й да ревнуват много
**Las dos hijas mayores tenían mucho orgullo.**
двете най-големи дъщери имаха голяма доза гордост
**Su riqueza era la fuente de su orgullo.**
тяхното богатство беше източник на тяхната гордост
**y tampoco ocultaron su orgullo**
и не скриха гордостта си

**No visitaron a las hijas de otros comerciantes.**
те не посещаваха дъщерите на други търговци
**Porque sólo se encuentran con la aristocracia.**
защото се срещат само с аристокрацията
**Salían todos los días a fiestas.**
излизаха всеки ден на купони
**bailes, obras de teatro, conciertos, etc.**
балове, пиеси, концерти и т.н
**y se rieron de su hermana menor**
и се смееха на най-малката си сестра
**Porque pasaba la mayor parte del tiempo leyendo**
защото прекарваше по-голямата част от времето си в четене
**Era bien sabido que eran ricos**
добре се знаеше, че са богати
**Así que varios comerciantes eminentes pidieron su mano.**
затова няколко видни търговци поискали ръката им
**pero dijeron que no se iban a casar**
но казаха, че няма да се женят
**Pero estaban dispuestos a hacer algunas excepciones.**
но те бяха готови да направят някои изключения
**"Quizás podría casarme con un duque"**
„Може би бих могъл да се омъжа за херцог"
**"Supongo que podría casarme con un conde"**
„Предполагам, че мога да се омъжа за Ърл"
**Bella agradeció muy civilizadamente a quienes le propusieron matrimonio.**
красавицата много цивилизовано благодари на тези, които са й предложили брак
**Ella les dijo que todavía era demasiado joven para casarse.**
тя им каза, че все още е твърде млада, за да се омъжи
**Ella quería quedarse unos años más con su padre.**

тя искаше да остане още няколко години с баща си
**De repente el comerciante perdió su fortuna.**
Изведнъж търговецът загубил състоянието си
**Lo perdió todo excepto una pequeña casa de campo.**
той загуби всичко освен малка селска къща
**Y con lágrimas en los ojos les dijo a sus hijos:**
и каза на децата си със сълзи на очи:
**"Tenemos que ir al campo"**
"трябва да отидем на село"
**"y debemos trabajar para vivir"**
"и ние трябва да работим за прехраната си"
**Las dos hijas mayores no querían abandonar el pueblo.**
двете най-големи дъщери не искаха да напуснат града
**Tenían varios amantes en la ciudad.**
имаха няколко любовници в града
**y estaban seguros de que uno de sus amantes se casaría con ellos**
и бяха сигурни, че някой от техните любовници ще се ожени за тях
**Pensaban que sus amantes se casarían con ellos incluso sin fortuna.**
те смятаха, че любовниците им ще се оженят за тях дори и без богатство
**Pero las buenas damas estaban equivocadas.**
но добрите дами са се заблудили
**Sus amantes los abandonaron muy rápidamente**
любовниците им ги изоставиха много бързо
**porque ya no tenían fortuna**
защото вече нямаха богатства
**Esto demostró que en realidad no eran muy queridos.**
това показа, че всъщност не са били харесвани
**Todos dijeron que no merecían compasión.**

всички казаха, че не заслужават да бъдат съжалявани
**"Nos alegra ver su orgullo humillado"**
„радваме се да видим тяхната гордост унизена"
**"Que se sientan orgullosos de ordeñar vacas"**
"нека се гордеят с доенето на крави"
**Pero estaban preocupados por Bella.**
но те бяха загрижени за красотата
**Ella era una criatura tan dulce**
тя беше толкова мило създание
**Ella hablaba tan amablemente a la gente pobre.**
тя говореше толкова мило на бедните хора
**Y ella era de una naturaleza tan inocente.**
и тя имаше толкова невинна природа
**Varios caballeros se habrían casado con ella.**
Няколко господа биха се оженили за нея
**Se habrían casado con ella aunque fuera pobre**
щяха да се оженят за нея, въпреки че беше бедна
**pero ella les dijo que no podía casarlos**
но тя им каза, че не може да се омъжи за тях
**porque ella no dejaría a su padre**
защото нямаше да напусне баща си
**Ella estaba decidida a ir con él al campo.**
тя беше решена да отиде с него в провинцията
**para que ella pudiera consolarlo y ayudarlo**
за да може тя да го утеши и да му помогне
**La pobre belleza estaba muy triste al principio.**
Бедната красавица отначало беше много наскърбена
**Ella estaba afligida por la pérdida de su fortuna.**
тя беше наскърбена от загубата на своето богатство
**"Pero llorar no cambiará mi suerte"**
"но плачът няма да промени съдбата ми"
**"Debo intentar ser feliz sin riquezas"**

„Трябва да се опитам да направя себе си щастлив без богатство"
**Llegaron a su casa de campo**
дойдоха в селската си къща
**y el comerciante y sus tres hijos se dedicaron a la agricultura**
и търговецът и тримата му сина се заели със земеделието
**Bella se levantó a las cuatro de la mañana.**
красота стана в четири сутринта
**y se apresuró a limpiar la casa**
и тя побърза да почисти къщата
**y se aseguró de que la cena estuviera lista**
и тя се увери, че вечерята е готова
**Al principio encontró su nueva vida muy difícil.**
в началото намираше новия си живот за много труден
**porque no estaba acostumbrada a ese tipo de trabajo**
защото не беше свикнала с такава работа
**Pero en menos de dos meses se hizo más fuerte.**
но за по-малко от два месеца тя стана по-силна
**Y ella estaba más sana que nunca.**
и тя беше по-здрава от всякога
**Después de haber hecho su trabajo, leyó**
след като свърши работата си, тя прочете
**Ella tocaba el clavicémbalo**
тя свиреше на клавесин
**o cantaba mientras hilaba seda**
или тя пееше, докато предеше коприна
**Por el contrario, sus dos hermanas no sabían cómo pasar el tiempo.**
напротив, двете й сестри не знаеха как да прекарват времето си
**Se levantaron a las diez y no hicieron nada más que holgazanear todo el día.**

ставаха в десет и не правеха нищо, освен да мързелуват цял ден

**Lamentaron la pérdida de sus hermosas ropas.**
те оплакваха загубата на хубавите си дрехи

**y se quejaron de perder a sus conocidos**
и се оплакаха, че са загубили своите познати

**"Mirad a nuestra hermana menor", se dijeron.**
„Вижте най-малката ни сестра", казаха си те

**"¡Qué criatura tan pobre y estúpida es!"**
"какво бедно и глупаво същество е тя"

**"Es mezquino contentarse con tan poco"**
"подло е да се задоволяваш с толкова малко"

**El amable comerciante tenía una opinión muy diferente.**
любезният търговец беше на съвсем друго мнение

**Él sabía muy bien que Bella eclipsaba a sus hermanas.**
знаеше много добре, че красотата засенчва сестрите й

**Ella los eclipsó tanto en carácter como en mente.**
тя ги надминаваше както по характер, така и по ум

**Él admiraba su humildad y su arduo trabajo.**
той се възхищаваше на нейното смирение и упорит труд

**Pero sobre todo admiraba su paciencia.**
но най-вече се възхищаваше на нейното търпение

**Sus hermanas le dejaron todo el trabajo por hacer.**
сестрите й оставиха цялата работа

**y la insultaban a cada momento**
и те я обиждаха всеки момент

**La familia había vivido así durante aproximadamente un año.**
Семейството живяло така около година

**Entonces el comerciante recibió una carta de un contable.**
тогава търговецът получи писмо от счетоводител

**Tenía una inversión en un barco.**

той имаше инвестиция в кораб
**y el barco había llegado sano y salvo**
и корабът пристигна благополучно
**Esta noticia hizo que las dos hijas mayores se volvieran locas.**
Новината му завъртя главите на двете големи дъщери
**Inmediatamente tuvieron esperanzas de regresar a la ciudad.**
те веднага се надяваха да се върнат в града
**Porque estaban bastante cansados de la vida en el campo.**
защото бяха доста уморени от селския живот
**Fueron a ver a su padre cuando él se iba.**
те отидоха при баща си, когато той си тръгваше
**Le rogaron que les comprara ropa nueva**
те го молели да им купи нови дрехи
**Vestidos, cintas y todo tipo de cositas.**
рокли, панделки и всякакви дреболии
**Pero Bella no pedía nada.**
но красотата не поиска нищо
**Porque pensó que el dinero no sería suficiente.**
защото смяташе, че парите няма да стигнат
**No habría suficiente para comprar todo lo que sus hermanas querían.**
нямаше да има достатъчно, за да купи всичко, което искаха сестрите й
**- ¿Qué te gustaría, Bella? -preguntó su padre.**
— Какво искаш, красавице? попита баща й
**"Gracias, padre, por la bondad de pensar en mí", dijo.**
„Благодаря ти, татко, за добрината да мислиш за мен", каза тя
**"Padre, ten la amabilidad de traerme una rosa"**
"татко, бъди така добър да ми донесеш роза"
**"Porque aquí en el jardín no crecen rosas"**

"защото тук в градината не растат рози"
"y las rosas son una especie de rareza"
"а розите са някаква рядкост"
**A Bella realmente no le importaban las rosas**
красотата наистина не се интересуваше от розите
**Ella solo pidió algo para no condenar a sus hermanas.**
тя само поиска нещо, за да не осъди сестрите си
**Pero sus hermanas pensaron que ella pidió rosas por otros motivos.**
но сестрите й мислеха, че е поискала рози по други причини
"Lo hizo sólo para parecer especial"
"тя го направи само за да изглежда специално"
**El hombre amable continuó su viaje.**
Добрият човек тръгна на път
**pero cuando llego discutieron sobre la mercancia**
но когато той пристигна, те се скараха за стоката
**Y después de muchos problemas volvió tan pobre como antes.**
и след много неприятности се върна беден както преди
**Estaba a un par de horas de su propia casa.**
той беше на няколко часа от собствената си къща
**y ya imaginaba la alegría de ver a sus hijos**
и вече си представяше радостта да види децата си
**pero al pasar por el bosque se perdió**
но когато минаваше през гората се изгуби
**Llovió y nevó terriblemente**
валеше страшен дъжд и сняг
**El viento era tan fuerte que lo arrojó del caballo.**
вятърът беше толкова силен, че го изхвърли от коня
**Y la noche se acercaba rápidamente**
и нощта настъпваше бързо

**Empezó a pensar que podría morir de hambre.**
той започна да мисли, че може да умре от глад
**y pensó que podría morir congelado**
и си помисли, че може да замръзне до смърт
**y pensó que los lobos podrían comérselo**
и си помисли, че вълците могат да го изядат
**Los lobos que oía aullar a su alrededor**
вълците, които чу да вият навсякъде около себе си
**Pero de repente vio una luz.**
но изведнъж видя светлина
**Vio la luz a lo lejos entre los árboles.**
той видя светлината отдалеч през дърветата
**Cuando se acercó vio que la luz era un palacio.**
когато се приближи, видя, че светлината е дворец
**El palacio estaba iluminado de arriba a abajo.**
дворецът беше осветен от горе до долу
**El comerciante agradeció a Dios por su suerte.**
търговецът благодари на Бога за късмета си
**y se apresuró a ir al palacio**
и той забърза към двореца
**Pero se sorprendió al no ver gente en el palacio.**
но беше изненадан да не види хора в двореца
**El patio estaba completamente vacío.**
дворът беше напълно празен
**y no había señales de vida en ninguna parte**
и никъде нямаше признаци на живот
**Su caballo lo siguió hasta el palacio.**
конят му го последва в двореца
**y luego su caballo encontró un gran establo**
и тогава конят му намери голяма конюшня
**El pobre animal estaba casi muerto de hambre.**
горкото животно беше почти гладно

Entonces su caballo fue a buscar heno y avena.
така че конят му влезе да намери сено и овес
Afortunadamente encontró mucho para comer.
за щастие той намери много за ядене
y el mercader ató su caballo al pesebre
и търговецът върза коня си за яслите
Caminando hacia la casa no vio a nadie.
вървейки към къщата, не видя никого
Pero en un gran salón encontró un buen fuego.
но в голяма зала намери добър огън
y encontró una mesa puesta para uno
и той намери маса, сложена за един
Estaba mojado por la lluvia y la nieve.
беше мокър от дъжда и снега
Entonces se acercó al fuego para secarse.
затова се приближи до огъня, за да се изсуши
"Espero que el dueño de la casa me disculpe"
„Надявам се господарят на къщата да ме извини"
"Supongo que no tardará mucho en aparecer alguien"
„Предполагам, че няма да отнеме много време, преди някой да се появи"
Esperó un tiempo considerable
Той чакаше доста време
Esperó hasta que dieron las once y todavía no venía nadie.
той изчака, докато удари единайсет, но никой не дойде
Al final tenía tanta hambre que no podía esperar más.
накрая беше толкова гладен, че не можеше да чака повече
Tomó un poco de pollo y se lo comió en dos bocados.
той взе малко пиле и го изяде на две хапки
Estaba temblando mientras comía la comida.
той трепереше, докато ядеше храната
Después de esto bebió unas copas de vino.

след това той изпи няколко чаши вино
**Cada vez más valiente, salió del salón.**
по-смел той излезе от залата
**y atravesó varios grandes salones**
и той премина през няколко големи зали
**Caminó por el palacio hasta llegar a una cámara.**
той мина през двореца, докато стигна до една стая
**Una habitación que tenía una cama muy buena.**
стая, която имаше изключително добро легло в нея
**Estaba muy fatigado por su terrible experiencia.**
той беше много уморен от изпитанието си
**Y ya era pasada la medianoche**
а часът вече минаваше полунощ
**Entonces decidió que era mejor cerrar la puerta.**
затова реши, че е най-добре да затвори вратата
**y concluyó que debía irse a la cama**
и той реши, че трябва да си легне
**Eran las diez de la mañana cuando el comerciante se despertó.**
Беше десет сутринта, когато търговецът се събуди
**Justo cuando iba a levantarse vio algo**
точно когато щеше да стане, видя нещо
**Se sorprendió al ver un conjunto de ropa limpia.**
той беше удивен да види чист комплект дрехи
**En el lugar donde había dejado su ropa sucia.**
на мястото, където е оставил мръсните си дрехи
**"Seguramente este palacio pertenece a algún tipo de hada"**
"със сигурност този дворец принадлежи на някаква фея"
**" Un hada que me ha visto y se ha compadecido de mí"**
" фея , която ме видя и ме съжали"
**Miró por una ventana**
той погледна през един прозорец

**Pero en lugar de nieve vio el jardín más delicioso.**
но вместо сняг видя най-прекрасната градина
**Y en el jardín estaban las rosas más hermosas.**
а в градината бяха най-красивите рози
**Luego regresó al gran salón.**
след това се върна в голямата зала
**El salón donde había tomado sopa la noche anterior.**
залата, където беше ял супа предишната вечер
**y encontró un poco de chocolate en una mesita**
и той намери малко шоколад на малка маса
**"Gracias, buena señora hada", dijo en voz alta.**
„Благодаря ви, добра мадам фея", каза той на глас
**"Gracias por ser tan cariñoso"**
"благодаря ви, че сте толкова грижовен"
**"Le estoy sumamente agradecido por todos sus favores"**
„Изключително съм ви задължен за всичките ви услуги"
**El hombre amable bebió su chocolate.**
милият мъж си изпи шоколада
**y luego fue a buscar su caballo**
и след това отиде да търси коня си
**Pero en el jardín recordó la petición de Bella.**
но в градината си спомни молбата на красавицата
**y cortó una rama de rosas**
и той отряза розов клон
**Inmediatamente oyó un gran ruido**
веднага чу силен шум
**y vio una bestia terriblemente espantosa**
и той видя ужасно страшен звяр
**Estaba tan asustado que estaba a punto de desmayarse.**
беше толкова уплашен, че беше готов да припадне
**-Eres muy desagradecido -le dijo la bestia.**
— Много си неблагодарен — каза му звярът

**Y la bestia habló con voz terrible**
и звярът проговори със страшен глас
**"Te he salvado la vida al permitirte entrar en mi castillo"**
„Спасих живота ти, като те пуснах в моя замък"
**"¿Y a cambio me robas mis rosas?"**
"и за това крадете моите рози в замяна?"
**"Las rosas que valoro más que nada"**
"Розите, които ценя повече от всичко"
**"Pero morirás por lo que has hecho"**
"но ти ще умреш за това, което направи"
**"Sólo te doy un cuarto de hora para que te prepares"**
"Давам ви само четвърт час да се подготвите"
**"Prepárate para la muerte y di tus oraciones"**
"пригответе се за смъртта и кажете молитвите си"
**El comerciante cayó de rodillas**
търговецът падна на колене
**y alzó ambas manos**
и той вдигна двете си ръце
**"Mi señor, le ruego que me perdone"**
"Господарю, умолявам те да ми простиш"
**"No tuve intención de ofenderte"**
"Нямах намерение да те обидя"
**"Recogí una rosa para una de mis hijas"**
„Събрах роза за една от дъщерите си"
**"Ella me pidió que le trajera una rosa"**
"тя ме помоли да й донеса роза"
**-No soy tu señor, pero soy una bestia -respondió el monstruo.**
„Аз не съм твой господар, но съм звяр", отговорило чудовището
**"No me gustan los cumplidos"**
"Не обичам комплиментите"

"**Me gusta la gente que habla como piensa**"
"Харесвам хора, които говорят, както мислят"
"**No creas que me puedo conmover con halagos**"
"не си представяйте, че мога да бъда трогнат от ласкателство"
"**Pero dices que tienes hijas**"
"Но вие казвате, че имате дъщери"
"**Te perdonaré con una condición**"
"Ще ти простя при едно условие"
"**Una de tus hijas debe venir voluntariamente a mi palacio**"
"една от вашите дъщери трябва да дойде в моя дворец с желание"
"**y ella debe sufrir por ti**"
"и тя трябва да страда за теб"
"**Déjame tener tu palabra**"
„Позволи ми на думата ти"
"**Y luego podrás continuar con tus asuntos**"
"и тогава можете да се занимавате с бизнеса си"
"**Prométeme esto:**"
"Обещай ми това:"
"**Si tu hija se niega a morir por ti, deberás regresar dentro de tres meses**"
"ако дъщеря ви откаже да умре за вас, трябва да се върнете до три месеца"
**El comerciante no tenía intenciones de sacrificar a sus hijas.**
търговецът нямал намерение да пожертва дъщерите си
**Pero, como le habían dado tiempo, quiso volver a ver a sus hijas.**
но тъй като му беше дадено време, той искаше да види дъщерите си още веднъж
**Así que prometió que volvería.**
така че той обеща, че ще се върне

Y la bestia le dijo que podía partir cuando quisiera.

и звярът му каза, че може да тръгне, когато пожелае

y la bestia le dijo una cosa más

и звярът му каза още нещо

"No te irás con las manos vacías"

"няма да си тръгнеш с празни ръце"

"Vuelve a la habitación donde yacías"

"върни се в стаята, където лежа"

"Verás un gran cofre del tesoro vacío"

"ще видите голям празен сандък със съкровища"

"Llena el cofre del tesoro con lo que más te guste"

"напълни сандъка със съкровището с каквото най-много ти харесва"

"y enviaré el cofre del tesoro a tu casa"

"и ще изпратя сандъка със съкровището до дома ти"

Y al mismo tiempo la bestia se retiró.

и в същото време звярът се оттегли

"Bueno", se dijo el buen hombre.

— Е — каза си добрият човек

"Si tengo que morir, al menos dejaré algo a mis hijos"

"Ако трябва да умра, поне ще оставя нещо на децата си"

Así que regresó al dormitorio.

затова се върна в спалнята

y encontró una gran cantidad de piezas de oro

и намери много златни парчета

Llenó el cofre del tesoro que la bestia había mencionado.

той напълни сандъка със съкровището, за който звярът спомена

y sacó su caballo del establo

и той изведе коня си от конюшнята

La alegría que sintió al entrar al palacio ahora era igual al dolor que sintió al salir de él.

радостта, която изпита, когато влезе в двореца, сега беше
равна на скръбта, която изпита, напускайки го
**El caballo tomó uno de los caminos del bosque.**
конят пое по един от горските пътища
**Y en pocas horas el buen hombre estaba en casa.**
и след няколко часа добрият човек си беше у дома
**Sus hijos vinieron a él**
децата му дойдоха при него
**Pero en lugar de recibir sus abrazos con placer, los miró.**
но вместо да приеме прегръдките им с удоволствие, той ги погледна
**Levantó la rama que tenía en sus manos.**
той вдигна клона, който държеше в ръцете си
**y luego estalló en lágrimas**
и след това избухна в сълзи
**"Belleza", dijo, "por favor toma estas rosas".**
"красавице", каза той, "моля те, вземи тези рози"
**"No puedes saber lo costosas que han sido estas rosas"**
"не можеш да знаеш колко скъпи са били тези рози"
**"Estas rosas le han costado la vida a tu padre"**
"тези рози са коствали живота на баща ти"
**Y luego contó su fatal aventura.**
и тогава разказа за фаталното си приключение
**Inmediatamente las dos hermanas mayores gritaron.**
веднага двете най-големи сестри извикаха
**y le dijeron muchas cosas malas a su hermosa hermana**
и казаха много злобни неща на красивата си сестра
**Pero Bella no lloró en absoluto.**
но красотата изобщо не плачеше
**"Mirad el orgullo de ese pequeño desgraciado", dijeron.**
„Вижте гордостта на този малък нещастник", казаха те
**"ella no pidió ropa fina"**

"тя не поиска хубави дрехи"
**"Ella debería haber hecho lo que hicimos"**
"тя трябваше да направи това, което ние направихме"
**"ella quería distinguirse"**
"тя искаше да се отличи"
**"Así que ahora ella será la muerte de nuestro padre"**
"така че сега тя ще бъде смъртта на баща ни"
**"Y aún así no derrama ni una lágrima"**
"и въпреки това тя не проронва сълза"
**"¿Por qué debería llorar?" respondió Bella**
— Защо да плача? - отговори красавицата
**"Llorar sería muy innecesario"**
"плачът би бил много излишен"
**"mi padre no sufrirá por mí"**
"баща ми няма да страда за мен"
**"El monstruo aceptará a una de sus hijas"**
"чудовището ще приеме една от дъщерите си"
**"Me ofreceré a toda su furia"**
„Ще се предложа на цялата му ярост"
**"Estoy muy feliz, porque mi muerte salvará la vida de mi padre"**
"Много съм щастлив, защото моята смърт ще спаси живота на баща ми"
**"mi muerte será una prueba de mi amor"**
"моята смърт ще бъде доказателство за моята любов"
**-No, hermana -dijeron sus tres hermanos.**
— Не, сестро — казаха тримата й братя
**"Eso no será"**
"това няма да бъде"
**"Iremos a buscar al monstruo"**
"ще отидем да намерим чудовището"
**"y o lo matamos..."**

"и или ще го убием..."
**"...o pereceremos en el intento"**
"... или ще загинем при опита"
**"No imaginéis tal cosa, hijos míos", dijo el mercader.**
„Не си представяйте такова нещо, синове мои", каза търговецът
**"El poder de la bestia es tan grande que no tengo esperanzas de que puedas vencerlo"**
"силата на звяра е толкова голяма, че нямам надежда, че можеш да го победиш"
**"Estoy encantado con la amable y generosa oferta de Bella"**
„Очарована съм от милото и щедро предложение на красотата"
**"pero no puedo aceptar su generosidad"**
"но не мога да приема нейната щедрост"
**"Soy viejo y no me queda mucho tiempo de vida"**
„Стар съм и не ми остава дълго живот"
**"Así que sólo puedo perder unos pocos años"**
"така че мога да загубя само няколко години"
**"Tiempo que lamento por vosotros, mis queridos hijos"**
"време, за което съжалявам за вас, мили мои деца"
**"Pero padre", dijo Bella**
— Но татко — каза красавицата
**"No irás al palacio sin mí"**
"няма да отидеш в двореца без мен"
**"No puedes impedir que te siga"**
"не можеш да ме спреш да те последвам"
**Nada podría convencer a Bella de lo contrario.**
нищо не можеше да убеди красотата в противното
**Ella insistió en ir al bello palacio.**
тя настоя да отиде в прекрасния дворец
**y sus hermanas estaban encantadas con su insistencia**

и сестрите й бяха възхитени от нейното настояване
**El comerciante estaba preocupado ante la idea de perder a su hija.**
Търговецът се разтревожил от мисълта, че ще загуби дъщеря си
**Estaba tan preocupado que se había olvidado del cofre lleno de oro.**
той беше толкова притеснен, че беше забравил за сандъка, пълен със злато
**Por la noche se retiró a descansar y cerró la puerta de su habitación.**
през нощта той се оттегли да си почине и затвори вратата на стаята си
**Entonces, para su gran asombro, encontró el tesoro junto a su cama.**
тогава, за свое голямо учудване, той намери съкровището до леглото си
**Estaba decidido a no contárselo a sus hijos.**
той беше решен да не казва на децата си
**Si lo supieran, hubieran querido regresar al pueblo.**
ако знаеха, щяха да искат да се върнат в града
**y estaba decidido a no abandonar el campo**
и той беше решен да не напуска провинцията
**Pero él confió a Bella el secreto.**
но той довери на красотата тайната
**Ella le informó que dos caballeros habían llegado.**
тя му съобщи, че са дошли двама господа
**y le hicieron propuestas a sus hermanas**
и направиха предложения на сестрите й
**Ella le rogó a su padre que consintiera su matrimonio.**
тя умоляваше баща си да се съгласи на брака им
**y ella le pidió que les diera algo de su fortuna**

и тя го помолила да им даде част от състоянието си
**Ella ya los había perdonado.**
тя вече им беше простила
**Las malvadas criaturas se frotaron los ojos con cebollas.**
злите създания търкаха очите си с лук
**Para forzar algunas lágrimas cuando se separaron de su hermana.**
за да проплакат малко сълзи, когато се разделят със сестра си
**Pero sus hermanos realmente estaban preocupados.**
но братята й наистина бяха загрижени
**Bella fue la única que no derramó ninguna lágrima.**
красавицата беше единствената, която не проля сълзи
**Ella no quería aumentar su malestar.**
тя не искаше да увеличава тяхното безпокойство
**El caballo tomó el camino directo al palacio.**
конят поел по прекия път към двореца
**y hacia la tarde vieron el palacio iluminado**
и към вечерта видяха осветения дворец
**El caballo volvió a entrar solo en el establo.**
конят отново влезе в конюшнята
**Y el buen hombre y su hija entraron en el gran salón.**
и добрият човек и дъщеря му отидоха в голямата зала
**Aquí encontraron una mesa espléndidamente servida.**
тук откриха великолепно сервирана маса
**El comerciante no tenía apetito para comer**
търговецът нямаше апетит да яде
**Pero Bella se esforzó por parecer alegre.**
но красотата се стараеше да изглежда весела
**Ella se sentó a la mesa y ayudó a su padre.**
тя седна на масата и помогна на баща си
**Pero también pensó para sí misma:**

но тя също си помисли:
**"La bestia seguramente quiere engordarme antes de comerme"**
"звярът със сигурност иска да ме угои, преди да ме изяде"
**"Por eso ofrece tanto entretenimiento"**
"ето защо той предлага толкова изобилни забавления"
**Después de haber comido oyeron un gran ruido.**
след като ядоха, чуха голям шум
**Y el comerciante se despidió de su desdichado hijo con lágrimas en los ojos.**
и търговецът се сбогува с нещастното си дете със сълзи на очи
**Porque sabía que la bestia venía**
защото знаеше, че звярът идва
**Bella estaba aterrorizada por su horrible forma.**
красавицата беше ужасена от ужасната му форма
**Pero ella tomó coraje lo mejor que pudo.**
но тя събра колкото можеше смелост
**Y el monstruo le preguntó si venía voluntariamente.**
и чудовището я попита дали е дошла с желание
**-Sí, he venido voluntariamente -dijo temblando.**
— Да, дойдох с желание — каза тя разтреперана
**La bestia respondió: "Eres muy bueno"**
звярът отговорил: „Много си добър"
**"Y te lo agradezco mucho, hombre honesto"**
"и аз съм ви много задължен; честен човек"
**"Continuad vuestro camino mañana por la mañana"**
"тръгнете по пътя си утре сутрин"
**"Pero nunca pienses en venir aquí otra vez"**
"но никога повече не си и помисляй да идваш тук"
**"Adiós bella, adiós bestia", respondió.**
„Сбогом красавице, сбогом звяр", отговори той

**Y de inmediato el monstruo se retiró.**
и веднага чудовището се оттегли
**"Oh, hija", dijo el comerciante.**
— О, дъще — каза търговецът
**y abrazó a su hija una vez más**
и той прегърна още веднъж дъщеря си
**"Estoy casi muerto de miedo"**
„Почти съм изплашен до смърт"
**"Créeme, será mejor que regreses"**
"повярвай ми, по-добре да се върнеш"
**"déjame quedarme aquí, en tu lugar"**
"нека остана тук, вместо теб"
**—No, padre —dijo Bella con tono decidido.**
— Не, татко — каза красавицата с решителен тон
**"Partirás mañana por la mañana"**
"ще тръгнете утре сутрин"
**"déjame al cuidado y protección de la providencia"**
"оставете ме на грижите и защитата на провидението"
**Aún así se fueron a la cama**
въпреки това си легнаха
**Pensaron que no cerrarían los ojos en toda la noche.**
мислеха, че няма да затворят очи цяла нощ
**pero justo cuando se acostaron se durmieron**
но както си легнаха, така и заспаха
**Bella soñó que una bella dama se acercó y le dijo:**
красавицата сънува, че една хубава дама идва и й казва:
**"Estoy contento, bella, con tu buena voluntad"**
„Доволен съм, красавице, от твоята добра воля"
**"Esta buena acción tuya no quedará sin recompensa"**
"това твое добро действие няма да остане невъзнаградено"
**Bella se despertó y le contó a su padre su sueño.**
красавицата се събудила и разказала на баща си съня си

**El sueño ayudó a consolarlo un poco.**
сънят му помогна да го утеши малко
**Pero no pudo evitar llorar amargamente mientras se marchaba.**
но той не можеше да не плаче горчиво, докато си тръгваше
**Tan pronto como se fue, Bella se sentó en el gran salón y lloró también.**
щом той си отиде, красавицата седна в голямата зала и също заплака
**Pero ella decidió no sentirse inquieta.**
но тя реши да не се безпокои
**Ella decidió ser fuerte por el poco tiempo que le quedaba de vida.**
тя реши да бъде силна за малкото време, което й оставаше живот
**Porque creía firmemente que la bestia la comería.**
защото тя твърдо вярваше, че звярът ще я изяде
**Sin embargo, pensó que también podría explorar el palacio.**
въпреки това тя си помисли, че може и да разгледа двореца
**y ella quería ver el hermoso castillo**
и тя искаше да разгледа прекрасния замък
**Un castillo que no pudo evitar admirar.**
замък, на който тя не можеше да не се възхити
**Era un palacio deliciosamente agradable.**
това беше възхитително приятен дворец
**y ella se sorprendió muchísimo al ver una puerta**
и тя беше изключително изненадана, когато видя врата
**Y sobre la puerta estaba escrito que era su habitación.**
а над вратата пишеше, че това е нейната стая
**Ella abrió la puerta apresuradamente**

тя бързо отвори вратата
**y ella quedó completamente deslumbrada con la magnificencia de la habitación.**
и тя беше доста заслепена от великолепието на стаята
**Lo que más le llamó la atención fue una gran biblioteca.**
това, което най-вече привлече вниманието й, беше голяма библиотека
**Un clavicémbalo y varios libros de música.**
клавесин и няколко музикални книги
**"Bueno", se dijo a sí misma.**
— Е — каза тя на себе си
**"Veo que la bestia no dejará que mi tiempo cuelgue pesadamente"**
„Виждам, че звярът няма да остави времето ми да тежи"
**Entonces reflexionó sobre su situación.**
след това тя се замисли за положението си
**"Si me hubiera quedado un día, todo esto no estaría aquí"**
„Ако ми беше писано да остана един ден, всичко това нямаше да е тук"
**Esta consideración le inspiró nuevo coraje.**
това съображение я вдъхна с нова смелост
**y tomó un libro de su nueva biblioteca**
и тя взе книга от новата си библиотека
**y leyó estas palabras en letras doradas:**
и тя прочете тези думи със златни букви:
**"Bienvenida Bella, destierra el miedo"**
"Добре дошла красавице, прогони страха"
**"Eres reina y señora aquí"**
„Ти си кралица и господарка тук"
**"Di tus deseos, di tu voluntad"**
"Кажи желанията си, кажи волята си"
**"Aquí la obediencia rápida cumple tus deseos"**

„Бързото подчинение отговаря на вашите желания тук"
"¡Ay!", dijo ella con un suspiro.
— Уви — каза тя с въздишка
"Lo que más deseo es ver a mi pobre padre"
"Повече от всичко искам да видя бедния си баща"
"y me gustaría saber qué está haciendo"
"и бих искал да знам какво прави"
**Tan pronto como dijo esto se dio cuenta del espejo.**
Веднага щом каза това, тя забеляза огледалото
**Para su gran asombro, vio su propia casa en el espejo.**
за свое голямо учудване тя видя собствения си дом в огледалото
**Su padre llegó emocionalmente agotado.**
баща й пристигна емоционално изтощен
**Sus hermanas fueron a recibirlo**
сестрите й отидоха да го посрещнат
**A pesar de sus intentos de parecer tristes, su alegría era visible.**
въпреки опитите им да изглеждат тъжни, радостта им беше видима
**Un momento después todo desapareció**
миг по-късно всичко изчезна
**Y las aprensiones de Bella también desaparecieron.**
и опасенията на красотата също изчезнаха
**porque sabía que podía confiar en la bestia**
защото знаеше, че може да се довери на звяра
**Al mediodía encontró la cena lista.**
По обяд намерила вечерята готова
**Ella se sentó a la mesa**
тя седна на масата
**y se entretuvo con un concierto de música**
и тя беше забавлявана с музикален концерт

**Aunque no podía ver a nadie**
въпреки че не можеше да види никого
**Por la noche se sentó a cenar otra vez**
през нощта тя отново седна да вечеря
**Esta vez escuchó el ruido que hizo la bestia.**
този път тя чу шума, който издаде звярът
**y ella no pudo evitar estar aterrorizada**
и тя не можеше да не се ужаси
**"belleza", dijo el monstruo**
"Красота", каза чудовището
**"¿Me permites comer contigo?"**
"разрешаваш ли ми да ям с теб?"
**"Haz lo que quieras", respondió Bella temblando.**
„Прави каквото искаш", отвърна разтреперана красавицата
**"No", respondió la bestia.**
— Не — отвърна звярът
**"Sólo tú eres la señora aquí"**
"само ти си господарка тук"
**"Puedes despedirme si soy problemático"**
"можете да ме отпратите, ако създавам проблеми"
**"Despídeme y me retiraré inmediatamente"**
"изпрати ме и аз веднага ще се оттегля"
**-Pero dime, ¿no te parece que soy muy fea?**
„Но кажи ми, не мислиш ли, че съм много грозна?"
**"Eso es verdad", dijo Bella.**
„Това е вярно", каза красавицата
**"No puedo decir una mentira"**
"Не мога да лъжа"
**"Pero creo que tienes muy buen carácter"**
"но вярвам, че си много добър"
**"Sí, lo soy", dijo el monstruo.**

— Наистина съм — каза чудовището
"Pero aparte de mi fealdad, tampoco tengo sentido"
„Но освен грозотата си, нямам и разум"
"Sé muy bien que soy una criatura tonta"
„Много добре знам, че съм глупаво създание"
—No es ninguna locura pensar así —replicó Bella.
„Не е признак на глупост да мислим така", отвърна красавицата
"Come entonces, bella", dijo el monstruo.
— Яж тогава, красавице — каза чудовището
"Intenta divertirte en tu palacio"
"опитайте се да се забавлявате във вашия дворец"
"Todo aquí es tuyo"
"всичко тук е твое"
"Y me sentiría muy incómodo si no fueras feliz"
"и бих бил много неспокоен, ако не си щастлив"
-Eres muy servicial -respondió Bella.
„Много си услужлив", отговори красавицата
"Admito que estoy complacido con su amabilidad"
„Признавам, че съм доволен от вашата доброта"
"Y cuando considero tu bondad, apenas noto tus deformidades"
"и когато взема предвид вашата доброта, почти не забелязвам вашите деформации"
"Sí, sí", dijo la bestia, "mi corazón es bueno".
— Да, да — каза звярът, — сърцето ми е добро
"Pero aunque soy bueno, sigo siendo un monstruo"
"но въпреки че съм добър, аз все още съм чудовище"
"Hay muchos hombres que merecen ese nombre más que tú"
"Има много мъже, които заслужават това име повече от теб"
"Y te prefiero tal como eres"

"и те предпочитам такъв, какъвто си"
**"y te prefiero más que a aquellos que esconden un corazón ingrato"**
"и те предпочитам повече от тези, които крият неблагодарно сърце"
**"Si tuviera algo de sentido común", respondió la bestia.**
"Само да имах малко разум", отвърна звярът
**"Si tuviera sentido común, te haría un buen cumplido para agradecerte"**
„Ако имах разум, щях да направя добър комплимент, за да ви благодаря"
**"Pero soy tan aburrida"**
"но аз съм толкова скучен"
**"Sólo puedo decir que le estoy muy agradecido"**
„Мога само да кажа, че съм ви много задължен"
**Bella comió una cena abundante**
красавицата яде обилна вечеря
**y ella casi había superado su miedo al monstruo**
и почти беше преодоляла страха си от чудовището
**Pero ella quería desmayarse cuando la bestia le hizo la siguiente pregunta.**
но искаше да припадне, когато звярът й зададе следващия въпрос
**"Belleza, ¿quieres ser mi esposa?"**
"красавице, ще бъдеш ли моя жена?"
**Ella tardó un tiempo antes de poder responder.**
й отне известно време, преди да успее да отговори
**Porque tenía miedo de hacerlo enojar**
защото се страхуваше да не го ядоса
**Al final, sin embargo, dijo: "No, bestia".**
накрая обаче тя каза "не, звяр"
**Inmediatamente el pobre monstruo silbó muy**

**espantosamente.**
незабавно горкото чудовище изсъска много страшно
**y todo el palacio hizo eco**
и целият дворец ехтеше
**Pero Bella pronto se recuperó de su susto.**
но красотата скоро се съвзе от страха си
**porque la bestia volvió a hablar con voz triste**
защото звярът отново проговори с печален глас
**"Entonces adiós, belleza"**
"тогава сбогом, красавице"
**y sólo se volvía de vez en cuando**
и само от време на време се обръщаше назад
**mirarla mientras salía**
да я гледа като излиза
**Ahora Bella estaba sola otra vez**
сега красотата отново беше сама
**Ella sintió mucha compasión**
тя почувства голяма доза състрадание
**"Ay, es una lástima"**
"Уви, хиляди жалко"
**"algo tan bueno no debería ser tan feo"**
"всичко толкова добродушно не трябва да е толкова грозно"
**Bella pasó tres meses muy contenta en palacio.**
красавицата прекара три месеца много доволна в двореца
**Todas las noches la bestia le hacía una visita.**
всяка вечер звярът я посещаваше
**y hablaron durante la cena**
и те разговаряха по време на вечеря
**Hablaban con sentido común**
говореха със здрав разум
**Pero no hablaban con lo que la gente llama ingenio.**

но те не говореха с това, което хората наричат остроумие
**Bella siempre descubre algún carácter valioso en la bestia.**
красотата винаги е откривала някакъв ценен характер в звяра
**y ella se había acostumbrado a su deformidad**
и тя беше свикнала с неговата деформация
**Ella ya no temía el momento de su visita.**
тя вече не се страхуваше от времето на неговото посещение
**Ahora a menudo miraba su reloj.**
сега тя често поглеждаше часовника си
**y ella no podía esperar a que fueran las nueve en punto**
и тя нямаше търпение да стане девет часа
**Porque la bestia nunca dejaba de venir a esa hora**
защото звярът никога не пропуска да дойде в този час
**Sólo había una cosa que preocupaba a Bella.**
имаше само едно нещо, което се отнасяше до красотата
**Todas las noches antes de irse a dormir la bestia le hacía la misma pregunta.**
всяка вечер преди да си легне, звярът й задавал един и същи въпрос
**El monstruo le preguntó si sería su esposa.**
чудовището я попита дали тя ще бъде негова жена
**Un día ella le dijo: "bestia, me pones muy nerviosa"**
един ден тя му каза, "звяр, много ме притесняваш"
**"Me gustaría poder consentir en casarme contigo"**
„Иска ми се да мога да се съглася да се оженя за теб"
**"Pero soy demasiado sincero para hacerte creer que me casaría contigo"**
"но аз съм твърде искрен, за да те накарам да повярваш, че бих се оженил за теб"
**"nuestro matrimonio nunca se realizará"**
"нашият брак никога няма да се случи"

"Siempre te veré como un amigo"
"Винаги ще те виждам като приятел"
"Por favor, trate de estar satisfecho con esto"
"моля, опитайте се да сте доволни от това"
"Debo estar satisfecho con esto", dijo la bestia.
— Трябва да съм доволен от това — каза звярът
"Conozco mi propia desgracia"
"Знам собственото си нещастие"
"pero te amo con el más tierno cariño"
"но те обичам с най-нежна обич"
"Sin embargo, debo considerarme feliz"
„Въпреки това трябва да се смятам за щастлив"
"Y me alegraría que te quedaras aquí"
"и трябва да се радвам, че ще останеш тук"
"Prométeme que nunca me dejarás"
"обещай ми никога да не ме изоставяш"
**Bella se sonrojó ante estas palabras.**
красотата се изчерви при тези думи
**Un día Bella se estaba mirando en el espejo.**
един ден красавицата се гледаше в огледалото си
**Su padre se había preocupado muchísimo por ella.**
баща й се беше притеснил за нея
**Ella anhelaba verlo de nuevo más que nunca.**
копнееше да го види отново повече от всякога
"Podría prometerte que nunca te abandonaré por completo"
„Мога да обещая, че никога няма да те напусна напълно"
"Pero tengo un deseo tan grande de ver a mi padre"
"но имам толкова голямо желание да видя баща си"
"Me molestaría muchísimo si dijeras que no"
„Ще бъда невероятно разстроен, ако кажеш „не"
"Preferiría morir yo mismo", dijo el monstruo.
— Предпочитах да умра — каза чудовището

"Prefiero morir antes que hacerte sentir incómodo"
"Предпочитам да умра, отколкото да те накарам да се чувстваш неспокоен"
"Te enviaré con tu padre"
„Ще те изпратя при баща ти"
"permanecerás con él"
"ще останеш с него"
"y esta desafortunada bestia morirá de pena en su lugar"
"и този нещастен звяр вместо това ще умре от мъка"
"No", dijo Bella, llorando.
"Не", каза красавицата, разплакана
"Te amo demasiado para ser la causa de tu muerte"
"Обичам те твърде много, за да бъда причината за смъртта ти"
"Te doy mi promesa de regresar en una semana"
„Обещавам ти да се върна след седмица"
"Me has demostrado que mis hermanas están casadas"
"Ти ми показа, че сестрите ми са омъжени"
"y mis hermanos se han ido al ejército"
"и братята ми отидоха в армията"
"déjame quedarme una semana con mi padre, ya que está solo"
"оставете ме да остана една седмица при баща ми, тъй като той е сам"
"Estarás allí mañana por la mañana", dijo la bestia.
— Ще бъдеш там утре сутрин — каза звярът
"pero recuerda tu promesa"
"но запомни обещанието си"
"Solo tienes que dejar tu anillo sobre una mesa antes de irte a dormir"
"Трябва само да оставите пръстена си на масата, преди да си легнете"

"Y luego serás traído de regreso antes de la mañana"
"и тогава ще бъдеш върнат преди сутринта"
"Adiós querida belleza", suspiró la bestia.
— Сбогом, скъпа красавице — въздъхна звярът
**Bella se fue a la cama muy triste esa noche.**
тази вечер красотата си легна много тъжна
**Porque no quería ver a la bestia tan preocupada.**
защото не искаше да види звяра толкова притеснен
**A la mañana siguiente se encontró en la casa de su padre.**
на следващата сутрин тя се озова в дома на баща си
**Ella hizo sonar una campanita junto a su cama.**
тя звънна на малко звънче до леглото си
**y la criada dio un grito fuerte**
и прислужницата нададе силен писък
**y su padre corrió escaleras arriba**
и баща й изтича нагоре
**Él pensó que iba a morir de alegría.**
мислеше, че ще умре от радост
**La sostuvo en sus brazos durante un cuarto de hora.**
той я държа в ръцете си четвърт час
**Finalmente los primeros saludos terminaron.**
в крайна сметка първите поздрави свършиха
**Bella empezó a pensar en levantarse de la cama.**
красавицата започна да мисли за ставане от леглото
**pero se dio cuenta de que no había traído ropa**
но осъзна, че не е донесла дрехи
**pero la criada le dijo que había encontrado una caja**
но прислужницата й каза, че е намерила кутия
**El gran baúl estaba lleno de vestidos y batas.**
големият сандък беше пълен с рокли и рокли
**Cada vestido estaba cubierto de oro y diamantes.**
всяка рокля беше покрита със злато и диаманти

**Bella agradeció a la Bestia por su amable atención.**
красавицата благодари на звяра за любезните му грижи
**y tomó uno de los vestidos más sencillos**
и тя взе една от най-обикновените рокли
**Ella tenía la intención de regalar los otros vestidos a sus hermanas.**
смяташе да даде другите рокли на сестрите си
**Pero ante ese pensamiento el arcón de ropa desapareció.**
но при тази мисъл сандъкът с дрехи изчезна
**La bestia había insistido en que la ropa era solo para ella.**
звярът беше настоял, че дрехите са само за нея
**Su padre le dijo que ese era el caso.**
баща й й каза, че това е така
**Y enseguida volvió el baúl de la ropa.**
и веднага багажникът с дрехи се върна отново
**Bella se vistió con su ropa nueva**
красавицата се облече с новите си дрехи
**Y mientras tanto las doncellas fueron a buscar a sus hermanas.**
а междувременно прислужниците отидоха да намерят сестрите й
**Ambas hermanas estaban con sus maridos.**
и двете й сестри бяха със съпрузите си
**Pero sus dos hermanas estaban muy infelices.**
но и двете й сестри бяха много нещастни
**Su hermana mayor se había casado con un caballero muy guapo.**
най-голямата й сестра се беше омъжила за много красив господин
**Pero estaba tan enamorado de sí mismo que descuidó a su esposa.**
но той толкова обичаше себе си, че пренебрегна жена си

**Su segunda hermana se había casado con un hombre ingenioso.**
втората й сестра се беше омъжила за остроумен мъж
**Pero usó su ingenio para atormentar a la gente.**
но той използва остроумието си, за да измъчва хората
**Y atormentaba a su esposa sobre todo.**
и най-много измъчваше жена си
**Las hermanas de Bella la vieron vestida como una princesa**
сестрите на красавицата я видели облечена като принцеса
**y se enfermaron de envidia**
и се разболяха от завист
**Ahora estaba más bella que nunca**
сега тя беше по-красива от всякога
**Su comportamiento cariñoso no pudo sofocar sus celos.**
нейното нежно поведение не можеше да потуши ревността им
**Ella les contó lo feliz que estaba con la bestia.**
тя им каза колко е щастлива със звяра
**y sus celos estaban a punto de estallar**
и ревността им беше готова да избухне
**Bajaron al jardín a llorar su desgracia.**
Те слязоха в градината да плачат за нещастието си
**"¿En qué sentido esta pequeña criatura es mejor que nosotros?"**
„В какво това малко създание е по-добро от нас?"
**"¿Por qué debería estar mucho más feliz?"**
— Защо трябва да е толкова по-щастлива?
**"Hermana", dijo la hermana mayor.**
"Сестро", каза по-голямата сестра
**"Un pensamiento acaba de golpear mi mente"**
"току-що ми хрумна една мисъл"
**"Intentemos mantenerla aquí más de una semana"**

"нека се опитаме да я задържим тук повече от седмица"
**"Quizás esto enfurezca al tonto monstruo"**
"може би това ще вбеси глупавото чудовище"
**"porque ella hubiera faltado a su palabra"**
"защото тя щеше да наруши думата си"
**"y entonces podría devorarla"**
"и тогава той може да я погълне"
**"Esa es una gran idea", respondió la otra hermana.**
„Това е страхотна идея", отговори другата сестра
**"Debemos mostrarle la mayor amabilidad posible"**
"трябва да й покажем колкото е възможно повече доброта"
**Las hermanas tomaron esta resolución**
сестрите взеха това решение
**y se comportaron con mucho cariño con su hermana**
и те се държаха много нежно със сестра си
**La pobre belleza lloró de alegría por toda su bondad.**
клетата красавица плачеше от радост от цялата им доброта
**Cuando la semana se cumplió, lloraron y se arrancaron el pelo.**
когато седмицата изтече, те плачеха и си късаха косите
**Parecían muy apenados por separarse de ella.**
те изглеждаха толкова съжаляващи да се разделят с нея
**y Bella prometió quedarse una semana más**
и красавицата обеща да остане още седмица
**Mientras tanto, Bella no pudo evitar reflexionar sobre sí misma.**
Междувременно красавицата не можеше да не разсъждава върху себе си
**Ella se preocupaba por lo que le estaba haciendo a la pobre bestia.**

тя се тревожеше какво причинява на бедния звяр
**Ella sabía que lo amaba sinceramente.**
тя знае, че искрено го обича
**Y ella realmente anhelaba verlo otra vez.**
и тя наистина копнееше да го види отново
**La décima noche también la pasó en casa de su padre.**
десетата нощ също прекарала при баща си
**Ella soñó que estaba en el jardín del palacio.**
тя сънува, че е в градината на двореца
**y soñó que veía a la bestia extendida sobre la hierba**
и тя сънува, че вижда звяра проснат на тревата
**Parecía reprocharle con voz moribunda**
— сякаш я упрекна той с умиращ глас
**y la acusó de ingratitud**
и той я обвини в неблагодарност
**Bella se despertó de su sueño.**
красотата се събуди от съня си
**y ella estalló en lágrimas**
и тя избухна в сълзи
**"¿No soy muy malvado?"**
— Не съм ли много зъл?
**"¿No fue cruel de mi parte actuar tan cruelmente con la bestia?"**
— Не беше ли жестоко от моя страна да се държа толкова нелюбезно със звяра?
**"La bestia hizo todo lo posible para complacerme"**
"звярът направи всичко, за да ми угоди"
**-¿Es culpa suya que sea tan feo?**
— Той ли е виновен, че е толкова грозен?
**¿Es culpa suya que tenga tan poco ingenio?**
— Той ли е виновен, че има толкова малко акъл?
**"Él es amable y bueno, y eso es suficiente"**

„Той е мил и добър и това е достатъчно"
"¿Por qué me negué a casarme con él?"
— Защо отказах да се омъжа за него?
"Debería estar feliz con el monstruo"
„Трябва да съм доволен от чудовището"
"Mira los maridos de mis hermanas"
"виж съпрузите на сестрите ми"
"ni el ingenio ni la belleza los hacen buenos"
"нито остроумието, нито красотата ги прави добри"
"Ninguno de sus maridos las hace felices"
"нито един от мъжете им не ги прави щастливи"
"pero virtud, dulzura de carácter y paciencia"
"но добродетел, сладост на нрава и търпение"
"Estas cosas hacen feliz a una mujer"
"тези неща правят една жена щастлива"
"y la bestia tiene todas estas valiosas cualidades"
"и звярът има всички тези ценни качества"
"Es cierto; no siento la ternura del afecto por él"
"вярно е; не изпитвам нежността на обичта към него"
"Pero encuentro que tengo la más alta gratitud por él"
"но намирам, че изпитвам най-голяма благодарност към него"
"y tengo por él la más alta estima"
"и го уважавам най-високо"
"y él es mi mejor amigo"
"и той е най-добрият ми приятел"
"No lo haré miserable"
"Няма да го направя нещастен"
"Si fuera tan desagradecido nunca me lo perdonaría"
"Ако бях толкова неблагодарен, никога нямаше да си простя"
**Bella puso su anillo sobre la mesa.**

красавицата сложи пръстена си на масата
**y ella se fue a la cama otra vez**
и тя отново си легна
**Apenas estaba en la cama cuando se quedó dormida.**
едва беше в леглото, преди да заспи
**Ella se despertó de nuevo a la mañana siguiente.**
тя се събуди отново на следващата сутрин
**Y ella estaba muy contenta de encontrarse en el palacio de la bestia.**
и тя беше извънредно щастлива, че се озова в двореца на звяра
**Ella se puso uno de sus vestidos más bonitos para complacerlo.**
тя облече една от най-хубавите си рокли, за да му хареса
**y ella esperó pacientemente la tarde**
и тя търпеливо изчака вечерта
**llegó la hora deseada**
дойде желаният час
**El reloj dio las nueve, pero ninguna bestia apareció**
часовникът удари девет, но не се появи звяр
**Bella entonces temió haber sido la causa de su muerte.**
красавицата тогава се страхуваше, че тя е причината за смъртта му
**Ella corrió llorando por todo el palacio.**
тя тичаше плачеща из целия дворец
**Después de haberlo buscado por todas partes, recordó su sueño.**
след като го е търсила навсякъде, тя си спомня съня си
**y ella corrió hacia el canal en el jardín**
и тя изтича до канала в градината
**Allí encontró a la pobre bestia tendida.**
там намери бедния звяр проснат

**y estaba segura de que lo había matado**
и беше сигурна, че го е убила
**Ella se arrojó sobre él sin ningún temor.**
тя се хвърли върху него без никакъв страх
**Su corazón todavía latía**
сърцето му все още биеше
**Ella fue a buscar un poco de agua al canal.**
тя донесе малко вода от канала
**y derramó el agua sobre su cabeza**
и тя изля водата върху главата му
**La bestia abrió los ojos y le habló a Bella.**
звярът отвори очи и заговори на красотата
**"Olvidaste tu promesa"**
"Забравихте обещанието си"
**"Me rompió el corazón haberte perdido"**
"Бях толкова разбито, че те загубих"
**"Resolví morirme de hambre"**
"Реших да гладувам"
**"pero tengo la felicidad de verte una vez más"**
"но имам щастието да те видя още веднъж"
**"Así tengo el placer de morir satisfecho"**
"така че имам удоволствието да умра доволен"
**"No, querida bestia", dijo Bella, "no debes morir".**
„Не, скъпи звяр", каза красавицата, „не трябва да умираш"
**"Vive para ser mi marido"**
"Живей, за да бъдеш мой съпруг"
**"Desde este momento te doy mi mano"**
"от този момент ти подавам ръката си"
**"Y juro no ser nadie más que tuyo"**
"и се кълна да бъда само твоя"
**"¡Ay! Creí que sólo tenía una amistad para ti"**

"Уви! Мислех, че имам само приятелство за теб"
**"Pero el dolor que ahora siento me convence;"**
"но скръбта, която сега изпитвам, ме убеждава;"
**"No puedo vivir sin ti"**
"Не мога да живея без теб"
**Bella apenas había dicho estas palabras cuando vio una luz.**
красотата, която едва ли беше изрекла тези думи, когато видя светлина
**El palacio brillaba con luz**
дворецът искряше в светлина
**Los fuegos artificiales iluminaron el cielo**
фойерверки озариха небето
**y el aire se llenó de música**
и въздухът изпълнен с музика
**Todo daba aviso de algún gran acontecimiento**
всичко известяваше за някакво велико събитие
**Pero nada podía captar su atención.**
но нищо не можеше да задържи вниманието й
**Ella se volvió hacia su querida bestia.**
— обърна се тя към скъпия си звяр
**La bestia por la que ella temblaba de miedo**
звярът, за когото тя трепереше от страх
**¡Pero su sorpresa fue grande por lo que vio!**
но нейната изненада беше голяма от това, което видя!
**La bestia había desaparecido**
звярът беше изчезнал
**En cambio, vio al príncipe más encantador.**
вместо това тя видя най-красивия принц
**Ella había puesto fin al hechizo.**
тя бе сложила край на заклинанието
**Un hechizo bajo el cual se parecía a una bestia.**
заклинание, под което той приличаше на звяр

**Este príncipe era digno de toda su atención.**
този принц беше достоен за цялото й внимание
**Pero no pudo evitar preguntar dónde estaba la bestia.**
но не можа да не попита къде е звярът
**"Lo ves a tus pies", dijo el príncipe.**
— Виждате го в краката си — каза принцът
**"Un hada malvada me había condenado"**
„Зла фея ме беше осъдила"
**"Debía permanecer en esa forma hasta que una hermosa princesa aceptara casarse conmigo"**
„Трябваше да остана в тази форма, докато красива принцеса не се съгласи да се омъжи за мен"
**"El hada ocultó mi entendimiento"**
"феята скри моето разбиране"
**"Fuiste el único lo suficientemente generoso como para quedar encantado con la bondad de mi temperamento"**
"ти беше единственият достатъчно щедър, за да бъдеш очарован от добротата на моя нрав"
**Bella quedó felizmente sorprendida**
красавицата беше щастливо изненадана
**Y le dio la mano al príncipe encantador.**
и тя подаде ръката си на очарователния принц
**Entraron juntos al castillo**
те отидоха заедно в замъка
**Y Bella se alegró mucho al encontrar a su padre en el castillo.**
и красавицата беше извънредно щастлива да намери баща си в замъка
**y toda su familia estaba allí también**
и цялото й семейство също бяха там
**Incluso Bella dama que apareció en su sueño estaba allí.**
дори красивата дама, която се появи в съня й, беше там
**"Belleza", dijo la dama del sueño.**

"Красота", каза дамата от съня
**"ven y recibe tu recompensa"**
"ела и получи своята награда"
**"Has preferido la virtud al ingenio o la apariencia"**
"предпочитал си добродетелта пред остроумието или външния вид"
**"Y tú mereces a alguien en quien se unan estas cualidades"**
"и вие заслужавате някой, в който тези качества са обединени"
**"vas a ser una gran reina"**
"ти ще бъдеш страхотна кралица"
**"Espero que el trono no disminuya vuestra virtud"**
„Надявам се, че тронът няма да намали вашата добродетел"
**Entonces el hada se volvió hacia las dos hermanas.**
тогава феята се обърна към двете сестри
**"He visto dentro de vuestros corazones"**
"Видях вътре в сърцата ви"
**"Y sé toda la malicia que contienen vuestros corazones"**
"и знам цялата злоба, която съдържат сърцата ви"
**"Ustedes dos se convertirán en estatuas"**
"вие двамата ще станете статуи"
**"pero mantendréis vuestras mentes"**
"но ще запазите ума си"
**"estarás a las puertas del palacio de tu hermana"**
"ще стоиш пред портите на двореца на сестра си"
**"La felicidad de tu hermana será tu castigo"**
"Щастието на сестра ти ще бъде твоето наказание"
**"No podréis volver a vuestros antiguos estados"**
"няма да можете да се върнете в предишните си състояния"
**"A menos que ambos admitan sus errores"**

"освен ако и двамата не признаете грешките си"
**"Pero preveo que siempre permaneceréis como estatuas"**
"но аз предвиждам, че вие винаги ще останете статуи"
**"El orgullo, la ira, la gula y la ociosidad a veces se vencen"**
"гордостта, гневът, лакомията и безделието понякога се побеждават"
**" pero la conversión de las mentes envidiosas y maliciosas son milagros"**
" но обръщането на завистливи и злонамерени умове са чудеса"
**Inmediatamente el hada dio un golpe con su varita.**
веднага феята удари магическата си пръчка
**Y en un momento todos los que estaban en el salón fueron transportados.**
и след миг всички, които бяха в залата, бяха транспортирани
**Habían entrado en los dominios del príncipe.**
те бяха отишли във владенията на принца
**Los súbditos del príncipe lo recibieron con alegría.**
поданиците на княза го приели с радост
**El sacerdote casó a Bella y la bestia**
свещеникът се ожени за красавицата и звяра
**y vivió con ella muchos años**
и той живя с нея много години
**y su felicidad era completa**
и щастието им беше пълно
**porque su felicidad estaba fundada en la virtud**
защото тяхното щастие се основаваше на добродетелта

El fin / Краят
**www.tranzlaty.com**

www.ingramcontent.com/pod-product-compliance
Lightning Source LLC
Chambersburg PA
CBHW011551070526
44585CB00023B/2547